10分钟读懂
高情商对话

程国辉 高子馨 盛巍 ◎著

中华工商联合出版社

图书在版编目（CIP）数据

10分钟读懂高情商对话 / 程国辉，高子馨，盛巍著. 北京：中华工商联合出版社，2025.5. -- ISBN 978-7-5158-4253-0

Ⅰ．C912.11-49

中国国家版本馆CIP数据核字第2025GP2948号

10分钟读懂高情商对话

作　　　者：	程国辉　高子馨　盛　巍
出　品　人：	刘　刚
图 书 策 划：	蓝色畅想
责 任 编 辑：	吴建新　林　立
装 帧 设 计：	胡椒书衣
责 任 审 读：	付德华
责 任 印 制：	陈德松
出 版 发 行：	中华工商联合出版社有限责任公司
印　　　刷：	北京毅峰迅捷印刷有限公司
版　　　次：	2025年5月第1版
印　　　次：	2025年5月第1次印刷
开　　　本：	710mm×1000mm　1/16
字　　　数：	194千字
印　　　张：	14.25
书　　　号：	ISBN 978-7-5158-4253-0
定　　　价：	56.00元

服务热线：010-58301130-0（前台）

销售热线：010-58302977（网店部）
　　　　　010-58302166（门店部）
　　　　　010-58302837（馆配部、新媒体部）
　　　　　010-58302813（团购部）

地址邮编：北京市西城区西环广场A座
　　　　　19-20层，100044

http://www.chgscbs.cn

投稿热线：010-58302907（总编室）

投稿邮箱：1621239583@qq.com

工商联版图书
版权所有　盗版必究

凡本社图书出现印装质量问题，请与印务部联系。

联系电话：010-58302915

前言

中国人有中国人的说话方式,在不一样的场景、对不一样的人,甚至在不同的时间段,都有不同的说话方式,这就是中国式高情商对话的主要内容。

在这个信息爆炸的时代,高情商对话显得越来越重要。情商低的人,与人交流可能会处处碰壁;情商高的人,与人对话友好顺畅。

高情商的人能够通过语言令对方对自己产生好感,并让整个对话过程按照自己的想法进行。但是,高情商对话并非想做就能做到的,高情商并不是与生俱来的,而是在日常的为人处世中长期积累的结果。只靠自己,难以在短期内提高沟通能力。

但是我们又迫不及待地想提高我们的沟通能力,并在对话交流中运用出来,怎么办呢?

我们可以通过大量的对话案例进行强化练习,在练习的过程中逐渐提高我们的情商,并尝试把高情商用于日常的对话交流中。当然,这个过程是非常困难的,你可能要完全放弃过去几十年的对话习惯,重新考虑自己在对话时的各种用词和语气。

这本书并非万能的公式,它只是协助你去改变说话方式而已。在日常生活中,你更多的还需要依靠自身的毅力来配合本书的引导,才能逐渐掌握高情商的说话方式。

本书有大量有趣的场景漫画,这些漫画展现了一个个实际的对话案例,这些生动有趣的漫画案例搭配最简洁的语言,告诉读者在各种场景下要如何完成高情商的对话,让读者的学习毫不枯燥。相信在本书的帮助下,读者能在短时间内领会到高情商对话的魅力,从而促使读者养成高情商沟通的习惯。

第一章
回话不自信，
是因为你没有准备

抢着说话，容易翻车 //2

说话要看人，对不同的人说不同的话 //6

回话要有条理，乱了就显得很不靠谱 //10

结尾要有总结，突出重点 //14

第二章
回话要真诚，
懂得尊重对方

不懂装懂，就是不尊重对方 //20

回话要谦虚，切忌自鸣得意 //24

回话要严谨、简洁 //28

积极的表情，能显得更亲切 //32

第三章
拒绝要委婉，回话要巧妙

回避刁难问题，避免难堪 //38
回话的同时要预判对方的回应 //42
假装糊涂，也是一种拒绝方式 //46
拒绝对方时，要顾及对方的感受 //50
通过暗示拒绝，不至于撕破脸 //54
通过"贬低"自己来拒绝对方 //58

第四章
借机转移话题，机智回话

接话不要太露锋芒，以免尴尬 //64
善于打圆场，你就是主角 //68
借助第三者的话来应对挑衅 //72
不顺着问题回话，往往是转移话题的关键 //76
转移话题，巧妙地化解尴尬 //80

第五章
咄咄逼人，反而容易乱方寸

沉默是金，不说话也是一种回应方式 //86

保持谦虚，切不可言过其实 //90

找到彼此的共同点，以此拉近距离 //94

以退为进，是高明的谈判手段 //98

曲线沟通，谋求缓和僵局 //102

有理有据，才能让人信服 //106

营造对比，增加可信度 //110

风趣地说话，并带着生动的比喻 //113

第六章
提高情商，善解人意

了解对方的心理，才能说到心坎里 //118

配合对方的兴趣点说话，对方才会感兴趣 //122

分享你的秘密，消除陌生感 //126

看破不说破，也是一种沟通智慧 //130

适当自夸，也是在给对方一颗定心丸 //134

换位思考，回话也要换个角度 //138

卖个关子更能引起对方的好奇心 //142

反问，一种否定的回话方式 //146

别拼命求同，保持自己的独特性 //150

第七章
说话有节奏，回话要委婉

插入题外话，可以避免尴尬 //156

说话要有轻重，不好听的话要避免 //160

说一些听着舒心的话 //170

一个玩笑，就能在愉快的氛围下解决事情 //173

有时候不回复，也是一种礼貌 //177

得饶人处且饶人，不要有理就不断压人 //181

第八章
书面式回话，让表达更清晰

短信约时间，可以精确到分钟 //186

短信回复要及时，突显对对方的重视 //191

别岔开话题，认真回复每一个问题 //197

回复之前，要加上对方的称呼 //205

善用标点符号，增加情感表达 //209

网络语言的运用要谨慎 //215

第一章　回话不自信，是因为你没有准备

自信跟大胆不是一回事，自信的人心里带着从容，收放自如，而大胆的人却没有，他们胆子虽大却少了些智慧。回话也是如此，如果你认为自己什么话都敢说就是自信的表现，那就错了，因为那只能代表你胆子大。而胆子大往往会让你走偏路线，不能自拔。有准备的回话，才能支撑起你的自信心。

抢着说话，容易翻车

很多人喜欢抢着说话，对方还没把话说完，就自以为是地认为他已经听明白了。这种行为会有两种结果：一种是他的理解刚好跟对方想说的内容一致；另一种则相反，他的理解跟对方想表达的不是一个意思。所以，抢着说话，原则上会有很大的错误率，导致之后的交流陷入困境。

如果你回错话了，就会让对方感到很反感，而且可能会失去跟你继续交流的兴趣。因为人的耐心是有限的，当他失去耐心时，便会选择离开，或者找一些理由终止交流。

爱抢话的人弱点在于"自以为是"，这种人在现实社会中往往缺少真正交心的朋友，因为他的行为经常会造成朋友间的各种误会产生，即便交上了一个新朋友，也会因为误会的积累，而慢慢让对方失去与他交心的欲望。

当你习惯了抢话，该如何去避免呢？这是很困难的。因为你已经形成了一种行为模式，要改变它，最好的办法就是：时刻提醒自己，不要抢话。

另外一个办法是，跟那些敢于制止他"抢话"的人多接触，因为这样的人可以提醒他不抢话，从而改掉抢话这个坏习惯。

当然了，如果你还是戒不掉抢话的毛病，可以尝试这样暗示自己："我不是一个会说话的人，也不是一个能出主意的人。"经过一番心理暗示后，接下来只有听别人说话了，因为你抢话也没什么意义了。

当你改掉抢话的习惯之后，你会发现原来不抢话是那么舒服，让交流双方都舒服。逐渐地，你就会习惯不抢话了。

说话要看人，对不同的人说不同的话

对不同的人说不同的话，对于这个观点，有些人觉得是不坦诚的，甚至是虚伪的。但其实我认为，对不同的人说不同的话，这里的不同是指表达方式不同，我们只要不因为对象不同而传达不同的"意思"即可。

但是很多人都做不到在不同的人面前以不同的方式表达同一件事。比如，一个男孩向一个女孩作自我介绍时，为了突出自己的帅气，男孩可以说："你好，你觉得我帅吗？其实我觉得我很帅。"但是向一位男性介绍自己时，男孩则不能用一样的话语进行介绍，可以换成："你好，我觉得我超帅。"

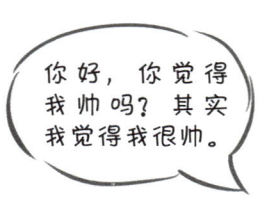

一些人之所以会以同样的方式对不同人说话，也有可能是因为他们缺乏想象力，无法配合对方的习惯。所以，便渐渐养成这种说话方式了。

还有一些人，他骨子里就不在乎他人的感受，不管跟谁说话，都是用同样的方式来交流，所以碰壁也在所难免。

不管是两种人中的哪一种，他们在生活当中都很难顺利地与别人进行交流。

那么，该如何做到对不同的人说不同的话呢？

首先需要有改变沟通习惯的意识，在生活中处处提醒自己跟不同的人要说不同的话。

另外，要制造一些机会，让自己直接感受到，换一种说话方式跟之前无法顺利交流的人再次交谈，结果会非常不一样。

一旦体会到顺畅交流的感觉，之前用同一种说话方式回复别人的人，便会慢慢改变自己的说话方式了。

　　不过，要让人接受这种训练方式，需要有一个说服力较强的人去帮助他，所以最好的"教练"应该是好友或伴侣。

回话要有条理，乱了就显得很不靠谱

话回得好不好，在于你有没有条理。没有条理的回答，会让人觉得你思维不清晰，做事也不靠谱。所以，在回复别人之前，要想想其中的语言逻辑。

回话有没有条理，其实跟一个人的性格有关系。回话没有条理的人，原因有三：即一是不自信，二是心不在焉，三是说话之前没有经过思考。

对于回话没有条理的人，要从改变性格入手。

首先要加强自信心，虽然这非常困难，但是可以通过"表演"强迫自己先进入"自信"的角色。虽然这种自信是假的，但是通过长时间练习，自然就会变得自信起来。因为"演戏演多了，自己就真的进入角色了"。

另外，如果你不想跟某人交流，就不要强迫自己跟他交流。因为这样会导致你心不在焉，让你在回复的时候出现没有条理的现象。这种情况多了，很容易让你养成没有条理的思维习惯，以后跟别人交流时也会缺乏逻辑。

当然了，不管一个人如何自信，或者对所交谈的话题如何感兴趣，如果你没有提前做好功课，最后你的回话也会变得没有条理。通常而言，如果要跟一个人谈事，在谈事之前就要全盘想好你想要达成的效果。对方的性格是怎样的，你要用什么方式和语言跟对方交流，这些都很重要。

如果这些你都没想过，就去跟别人聊天，就会无法适应对方的说话方式，很容易导致你无法顺畅地回复对方。

这里所说的"想象谈话内容"，并非要求你用纸笔进行全盘分析，这是一种人的本能，只要自然地在脑海里想象一下即可。

总之,一个人有了自信,在谈话之前对谈话内容进行了预想,长此以往便会形成一个良好的回话习惯,跟别人交谈时也能对答如流、游刃有余了。

但是这需要一个过程,可能需要训练三四年之久,才能逐渐改变原有回话的习惯。

结尾要有总结，突出重点

结尾要突出重点，这是容易被忽视的一点，如果你没有注意，往往会让人以为讲话已经停止了，让人来不及理清之前讲过的内容是什么，紧接着又开始第二个话题了。

习惯这样讲话的人显得很不"贴心"，容易造成谈话鸿沟，听的人也会糊涂，最终达不到有效的谈话效果。

经常说话不总结的人,没有观察对方反应的习惯,只是自顾自地说自己想说的话,所以他忽视了结尾总结的重要性。

当一个人忽视听者的反应,并习惯了之后,他就不会在乎用什么样的方式结束讲话,也不在乎他所讲的话能不能让对方听懂,更不会在说话结尾处再补充什么内容。这就是行为习惯的恶性循环。

说话不在结尾处做总结的人,该如何改掉这样的习惯呢?

首先需要有人引导他,让他知道这种回话方式会让别人听不懂或者听着很困难。

当然了,引导人最好跟被引导人长期生活在一起,是夫妻或者其他家庭成员,要不然很难起作用,只是"三天打鱼两天晒网",无法真正改变习惯。

一个人如果有好的说话方式，他会喜欢上与人交谈，因为他体会到了说话的魅力。

总之，一种好的说话方式，需要时间去训练，还要有一个好的训练方案，并且找一个人陪伴训练，慢慢就能改掉不好的交流习惯了。

第二章　回话要真诚，懂得尊重对方

"说话是最容易的事，也是最难的事"，一个人张口说话，真诚是最基本的要求。

说话的魅力并不在于有多么流畅，多么滔滔不绝，而在于表达是否真诚。真诚是打开人心灵的钥匙，是吹开人心扉的春风。说话真诚就是把对方看在眼里，放在心里。

不懂装懂，就是不尊重对方

不懂装懂，有人说这是一种"难得糊涂"的智慧，其实这是一种自我虚荣的表现，甚至有一些欺骗的成分。跟他人交流首先要真诚，如果不真诚，"装"的语言多了，就会变成"骗子"。所以，回话要真诚，明白就说明白，不明白就说不明白。

如果一个人习惯了"不懂装懂"，会造成沟通上的障碍，因为他会下意识地跟对方说"我懂了"，让对方继续说下去。结果最后变得越来越不知所云，不仅让彼此的交流成本增加，还会使得彼此的交流兴趣降低。

为什么有些人会习惯"不懂装懂"呢？其实这是长期的"自卑心理"造成的，一旦产生自卑心理，就会顾及他人对自己的看法。为了不让别人"小看自己的理解能力"，只能硬着头皮说自己听懂了。

有了一两次后，他们从这种回话方式中为自己的"自卑心理"找到了避风港，逐渐就形成了"不懂装懂"的回话方式。

有些人认为缺点都是无意义、无价值的，但真相是：如果不加以重视和改正，缺点和错误就一定存在，并且让我们的损失越来越大。有些人为了否定自己的缺点，夸大优点，换得虚幻的存在感和价值感，便用"不懂装懂"的方式来回复对方。

要改掉"不懂装懂"的习惯，需要从根源上解决，先消除自卑心理。这是一个非常复杂的过程，属于心理治疗范畴，如果情况越来越严重，甚至会让人走向自我封闭。

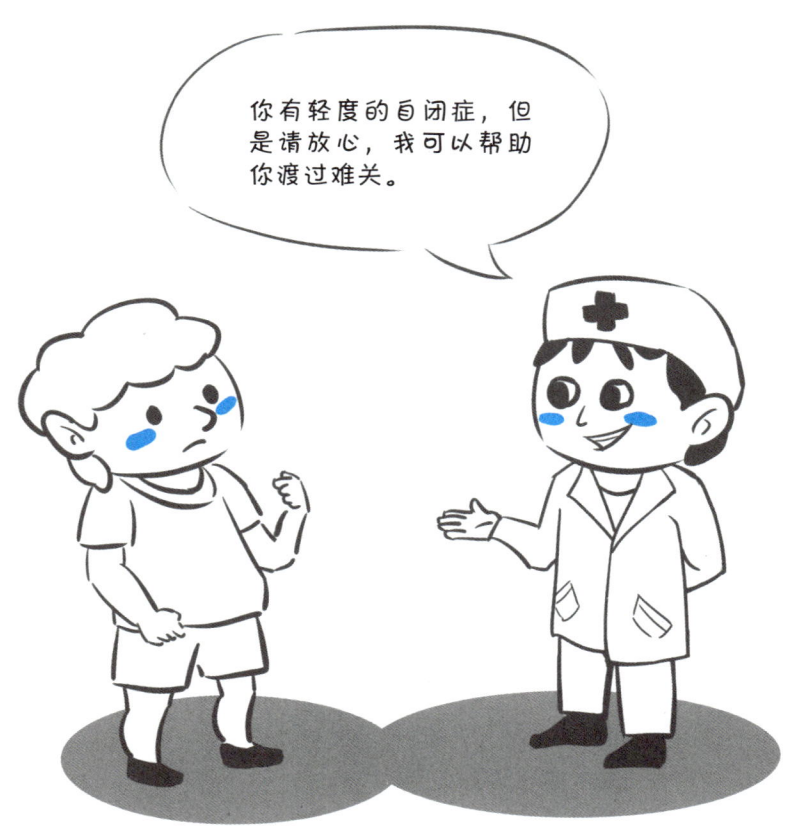

对于一些情况相对较轻的人，可以进行自我调节，时刻提醒自己要正面回答他人的问题，渐渐地把这种习惯改正过来。

不管怎么样，如果一个人习惯了"不懂装懂"，那么他跟别人的交流就始终是不通畅的。但如果及时改正，还是有机会改掉这些习惯，从而变得更加通透、更加真诚。

无论自卑者还是自恋者，他们内心深处的问题，不是他们"美化"了自己的形象，而是他们自恋地认为这样的自己更接近真实。所以，请不要一次、两次地"不懂装懂"，以免越陷越深。

回话要谦虚，切忌自鸣得意

回复他人的询问时，要注意轻重，即便是同样一句话，用不同的语气表达，效果会不一样，甚至意思也会发生变化。

比如当有人问你"吃了吗"，你语气平淡地回复"吃了"，则说明你不太在乎对方的问候，但是当你带点喜出望外的表情回复对方说"嗯，吃了"，则代表你因为得到对方的问候而感到惊喜。

当然了，在大多数情况下，还要表现出你的谦虚。当别人夸赞你的时候，就要表现得谦虚一点，不要自鸣得意。

谦虚地回复他人，往往能让对方觉得你很亲切，在生活和工作中对你少一些"防范"。如果一个人太高傲了，就会让人觉得不接地气，人们都不喜欢跟这样的人相处。谦逊有礼的样子在大家眼里是最讨喜的，如果不顾及对方的感受，语气傲慢地说话，就会显得没有礼貌，甚至让对方不想再交流下去。

当你觉得对方"来者不善"时，你可以采取下面这几种回话方式。

第一，微笑回复。对于别人的夸奖一定要做出回应，这样别人才会觉得你是平易近人的、好接触的，但如果对方不是很有诚意地夸奖你，你就没必要很热烈地回复，给对方一个微笑即可，对方看到你的微笑，自然就能理解你对他的态度了。

第二，你也可以用转移话题的方式来"规避"对方的"不友好"。有时候别人只是客气而已，并不是真的在夸奖你，你就不要太当真，完全可以用别的话题绕开这种比较尴尬的交流。

第三，你还可以表现得情商高一点，在回复别人的同时，夸对方一下。比如在别人赞美你的衣服好看时，你可以回复道："谢谢，其实你今天穿的这件衬衫也非常好看，我很喜欢。"或者说："哪里，哪里，您过奖了。"这样的回应让人听了会觉得你是个谦虚低调的人。

第四，如果对方跟你很熟了，你甚至可以运用调侃的方式回应对方。对于经常"无事不登三宝殿"的朋友，可以直接调侃地回应道："说吧，这次又有什么事要我帮忙呢？"

回话要严谨、简洁

工作中，很多人在回复别人的时候喜欢长篇大论，以为这样能展示自己的"语言能力"，其实长篇大论表面"华丽"，实际会让听者感到厌烦。因为他需要花大量时间过滤你的言语，还要提炼、总结，整个过程对听者来说是极其煎熬的，所以一般工作中的交流，要尽量简洁、严谨。

有些人喜欢通过"长篇大论"的方式来掩饰他在工作中的不足。但其实这样的方式并不高明，很多人一眼就能看出来。有的人是对自己的工作成绩不够自信，所以在回复别人时，往往没有条理，显得很啰嗦。

那么我们在工作中该如何交流呢?

你讲话的方式决定了同事是否能明白你的意思,所以表达要简明扼要,清楚陈述每一个观点并附上简短说明,尽量使用平和的声音,让发言更有力量。日常交流的态度也很重要,一定要真诚,遇到困难不要试图逃避,尝试用沟通交流去解决问题。

另外,肢体动作也是语言的一种,有时候一个动作胜过千言万语,非语言的暗示作用常常是促成对话成功的关键。在交流的过程中可适当模仿对方的肢体语言,如果对方抱臂呈封闭状,你也可以先抱臂,然后慢慢展开身体,使用开放的肢体语言,这样可以表示友好,对方也会受你影响,放松自己的戒备心。而微笑点头的动作能够在不打断别人的情况下表示听懂了,适当的眼神交流也可以拉近彼此的距离。即使紧张也要克制坐立不安的冲动,把注意力集中在呼吸上。

表达想法和思路应该言简意赅，简洁有效的叙述能更好地完成工作上的沟通，准确的表达甚至能够减少一半以上的工作时间。所以，如果想要改变自己回话的习惯，就要有时间观念。时刻注意说话的时间和效率，自然就没有闲情去长篇大论，因为你要快点结束对话，尽快回到工作状态中。

总之，工作中的回话要简洁、严谨，能一句话说明白的，就不要说两句话。但是也不能一味地为了简洁，而忽略了情感的表达。如果为了简洁说话而不顾及同事的感受，那也是不对的。

为了更有效地交流，在简洁和严谨的基础上，还要考虑同事的感受。比如，领导问某一项工作进度时候，你不能只用短短一句"还没完成"就简单回复了，还需要告诉领导你做到什么程度了。

积极的表情，能显得更亲切

在交流时，特别是回话的过程中，带着积极的表情，往往能让对方觉得你很亲切。如果表情不积极，会降低对方的交流意愿，这样无助于彼此的交流。

这个人好严肃啊，一点表情都没有。

是什么原因让人在交流时没有表情呢？原因很多，最主要的原因是，他没有更多地站在对方的角度和心境去思考问题，忽视了他人的感受。

这个人太木讷了。

那么，在交流的过程中，我们应该有什么表情呢？

其实很简单，只要是积极的表情都可以，比如鼓励、亢奋、微笑等，都是有助于拉近彼此距离的表情，而且还能提升交流的效率。

当然，有时候我们也可以用肢体动作来辅助表情。比如，你想表达一件事的危险性时，可以做出惊恐的表情，同时身体稍微后倾，表明你对那件事的恐惧感。

你真的很会表演啊，跟你聊天真有意思。

当然，在网络上交流，也可以多使用一些表情符号。现在很多社交软件都开发了不少表情包，这些表情包可以帮助我们表达内心的情感。不同的心情有不同的表情符号，但是表情包也不能使用过度，适当即可。

另外，语言的运用要配合表情。比如"天啊"这类的词语，可以配合惊讶的表情；在赞美他人的时候，也可以通过仰慕的表情来增添赞美之意。

总之，在表达时辅以丰富的表情，能瞬间抓住对方的聊天兴趣，因为这会让他觉得你很亲切。但是表情过多也不行，因为过多的表情会弱化你的语言效果。表情只能起到衬托作用，要适可而止，不要过于夸张。

同学们记住了吗？回话时要辅以表情哦，即使是一个微笑也是有作用的。

第三章　拒绝要委婉，回话要巧妙

拒绝是一种沟通艺术，处理得好，对你有帮助；处理不好，则会让双方心生不悦。回话也是如此，一个好的答复，会让人听着舒服，愿意接受，如若不然，原本只是一件小事，都有可能被曲解。

本章带你学习如何巧妙地回话，学习如何巧妙地拒绝他人。

回避刁难问题，避免难堪

生活当中有些人喜欢刁难别人，让别人在众人面前出尽洋相来，从而突出自己的聪明睿智。

面对他人的刁难，如果处理不好，我们都会陷入窘境而变得不知所措，还有一部分人会选择直接硬怼。这些人认为，如果不这样做，不仅会让自己怒火中烧，还会让对方变本加厉。但如果你选择直接反驳，又会让场面变得非常尴尬。在这种进退两难的情况下，大多数人似乎找不到更好的方法，那么就让我来给你一些建议吧。

那么，面对各种刁难问题，我们应该如何回复呢？

最常用的一个方法就是答非所问。什么意思呢？就是不正面回答对方的问题，而是通过侧面回答来解决问题。举个例子，如果有人问你："你知道中国的银行有多少钱吗？"这个问题很难准确回答，不过你可以侧面回答说："188.88元。"

为什么呢？你可以解释道："中国人民银行发行过的人民币面额有100元、50元、20元、10元、5元、2元、1元；5角、2角、1角；5分、2分、1分。这13种主辅人民币，合计为188.88元。"

正话反说也是一个好办法。回话的时候如果平铺直叙，会显得毫无新意。但如果时不时说说"反话"，就会收到截然不同的效果。

　　面对别人言语上的刁难，有时候不宜直接回击，可以用正话反说的技巧，通过"反话"委婉地点拨对方，既能委婉地表明自己的态度，又能避免得罪对方，不会造成太尴尬的局面发生。

还可以用转移注意力法回复对方。

比如,今天你带了一块新手表到公司上班,同事都夸你的手表好看,但却有一个同事嘲讽你说:"哟,这不是小张吗,怎么发达了啊,都买这么好的手表了。"

这时你可以说:"这不是李姐吗,你的眼镜在哪里买的呀?真好看。"

回话的同时要预判对方的回应

在回复别人的话之前,要对对方的回应做个大概的判断,这需要有极其敏锐的思维才能做到。但是只要养成这种思维习惯,就不需要时刻提醒自己,张口就可以说了。

如果你的判断有所迟疑,其实也没关系,一般人愿意等你的回复,也能理解你的停顿,甚至认为你的回复很"严谨",并非随便说说而已。

判断对方的回应有几个方面：一是判断对方的态度，二是判断对方是否认同你的观点，三是判断对方接话的方向。

他会怎么接我的话呢？

如果无法准确判断对方是否同意，可以回复得缓和一点，要是觉得对方大概率会同意，就说得大胆一点。比如，当你砍价时问："这件衣服150元，可以吗？"这时你不知道对方的态度，可以带点恳求的语气问对方。但如果你觉得对方大概率会同意，那么你就肯定地说："这件衣服150元，我买了。"

可以。

这件衣服150元，可以吗？

判断对方是不是顺着你的话回答是比较困难的，但是也要尝试去判断，因为在经过判断之后，你才可以对自己的回话内容有把控。

比如，当你说"我很享受这一天的生活"时，对方可能会顺着"生活"这个主题接话，你需要对此有个预估。但如果对方不聊这个话题，你还要考虑是否要把话题引回到"生活"这个主题上。

判断对方的回复方向是有很高难度的，因为方向会有很多，只有两个彼此熟悉的人才能判断出来。这种方法大多用在关系比较熟悉的人身上，比如朋友、夫妻、亲人之间。

总之，当你养成了下意识地判断对方如何接你的话后，你会发现你在跟别人交流时会变得很自信，因为整个谈话的方向都在你的掌控之中。

假装糊涂，也是一种拒绝方式

在处理一些比较复杂的人际关系时，我们可以用假装糊涂的方式来应对，因为这样的方式可以在不伤感情的前提下，提供更多的交流空间。

那么，我们应该如何巧妙地装糊涂呢？

第一，假装听不到。这样可以让对方重新思考自己的言语。比如，有人想警告你不要碰到他的办公桌，这让你觉得很不合理，但是你却不能跟他硬碰硬，这时候可以回复对方一句："不好意思，我没听清，你刚才说什么？"在这样反问之后，对方会重新思考，从而发现自己的要求是不合理的。

第二，当你不想明确回复对方的时候，可以用含糊不清的语言回复对方。比如，当有人求助于你，但你不想帮这个忙，又不想闹僵彼此的关系，你就要装糊涂了。对方问："可以帮我整理一份调研报告吗？"你可以说："这几天天气不错，我们可以找个时间去散散心，我们很久没一起聚了吧。"

第三，当你觉得事情要被闹大了，但是你认为那不是你的错，当下又不好跟对方争辩太多时，便可以用假装糊涂的方式，让对方的思维转移出来，使事情得到缓解。比如，两人开车出现了剐蹭，其中一个人很生气地追究责任甚至出言不逊，但是另一个人不想继续纠缠，想把事情交给交警部门处理。只好跟对方装糊涂说："你的车真不错，撞成这样，车灯还在闪，你看我这辆车就不行。你这车是什么牌子的啊？"

总之，假装糊涂可以避免很多不该发生的事情，还能缓解双方的尴尬局面。但是这招不可使用过多，不然就会"变味"，让你变成不负责任的人，所以重点在于学会见机行事。

拒绝对方时，要顾及对方的感受

拒绝，是一种带有"对抗性"的行为，因为你的反馈跟对方的期望相反，所以对方或多或少会觉得心里不舒服。不要因为一次拒绝而伤害了感情，所以要尽可能地注意拒绝时的分寸。

> 可以借我几万块钱吗？

> 不可以。

朋友之间，拒绝的次数多了，有可能使双方的关系破裂。即便你懂得维护，但在拒绝的过程中，如果不给对方一点面子，对方也会因为下不了台阶，而选择跟你断绝关系。所以，拒绝别人时还要顾及对方的面子。

> 我以后不跟你来往了。

> 不行，我不可能答应你这种人的要求。

我们应该如何正确地拒绝对方呢？

首先，我们要设法让对方理解你拒绝他的原因，取得他的谅解，这样你的拒绝才不会对他造成伤害。

其次，拒绝人不应该当着众人的面拒绝，尽量私下解决。因为当着大家的面拒绝一个人，对方的内心会受到伤害，甚至会因此而记恨你。

再次，拒绝他人不能含糊，要让对方清清楚楚、明明白白，但是也不能过于直白，可以采取渐进的方式，加上肢体动作或表情来表达你的为难之意，然后再说拒绝的话。

最后，拒绝人也要避免当面拒绝，先让对方给你考虑的时间，过后再通过短信或电话的方式拒绝，这样能减少彼此面对面交流时的尴尬。

> 不好意思，上次你说的那件事，我经过仔细思考，真的没法答应你。

> 没关系，我再想想办法。

总之，记住几个要点：拒绝别人时要顾及对方的面子，先让对方理解你的难处，再婉转表达拒绝的意见，或者换一个时间、换一个地点再拒绝对方，这样就可以有效地达成你的目的了。

要点

> 上面这些内容你们都明白了吗？如果不明白要再复习一遍哦。

通过暗示拒绝，不至于撕破脸

拒绝人可以通过暗示的方式，这样的好处是让对方有台阶下，不至于撕破脸，但是暗示的方法要足够巧妙。

其实，拒绝别人不一定要直接说"不"。

具体应该怎么暗示呢？可以通过语言、行为来暗示，或者通过第三者来暗示也是可以的。但重点是不要拖延，不然对方就不能明白你的意思，便会造成误会。

我暗示你了，你还不明白吗？

你倒是说话啊。

用暗示的方式拒绝人，首先可以采用表情暗示法。所谓的表情暗示法，就是通过表情来传递内心的感受。比如，你觉得很为难，那就做一个很为难的表情；如果这个请求让你很惊讶，你就做一个惊讶的表情。

我们刚认识一天呀！

嫁给我吧！

我们还可以通过语言来进行暗示，利用转移焦点的方法，然后再暗示对方你缺少提供帮助的能力和资源。比如，对方跟你借钱，你可以说说最近的生活状况，然后对方自然会明白你的难处，也就明白你在拒绝他了。

最近钱包空空的，太愁人了。

你也可以说说其他话题来掩盖彼此的尴尬。比如，有人跟你借钱，但是你的确没办法帮助对方，你可以说："今天吃早餐，有 10 元和 5 元的套餐，最后我还是选择了 5 元的，不敢像以前那样吃 10 元的早餐了。"

给我来两个最便宜的包子。

不管是通过表情还是语言来暗示，都要照顾对方的感受，当然也要明确表达你的意思。其实用暗示的方式拒绝，已经是在照顾对方的感受了，重点要确保的事是对方是否明白了你的暗示。

不知道今天我表现得这么为难，他是不是明白我的苦衷了。

不要怕你的表情不到位，更不要怕你的表达不够清晰，只要你说出自己的真实想法和实际困难，对方就会慢慢明白。

……我真的是有心无力啊！

我再想想别的办法吧。

57

通过"贬低"自己来拒绝对方

"贬低"自己,其实就是我们常说的诉苦或自嘲。当对方有求于你,而你却无法帮助对方时,你就可以先下手为强,先自我"贬低",让对方看到你也自顾不暇。这样的拒绝方式,能让对方知难而退。

其实这是一种"苦肉计",也是一种极为"善良"的苦肉计。"贬低"自己的时候可以适当夸大,但注意别过于夸张,表情和语言都要有良好的搭配。诉说自己的无奈时,可以多用委屈的表情并伴随着无奈的摇头。

通常，贬低自己的方法有三种：一种是表情传达，一种是语言表述，还有一种是通过行为来体现。我们先来看看表情该如何去传达。

注意了，你并不是在演戏，你的表情需要建立在你的真情实感之上。可以稍微夸张，掌握好度就行。

> 最近很不好，好几个月没收入了……

语言表达是因人而异的，不一定要哭哭啼啼地说，只要如实说出你的苦衷即可，大部分人都能理解。所以，如果你真的需要拒绝别人，只要把你的理由加以修饰，然后再诉说即可。

> 我一个月没领薪水了，囊中羞涩啊。

> 理解，理解。

自我贬低时,还有一个办法,就是通过行为来体现。比如,当有一个人请求你帮他找一份工作,你可以在广告栏中帮他看看招聘信息,通过这个行为告诉对方,你只能在这种程度上帮助他,其他的就无能为力了。这样一来,对方自然就能明白了。

看来他帮我找工作也只能通过浏览招聘信息了。

不管怎样，当你要拒绝人的时候，先"贬低"自己，就能很大程度上减轻对方的自卑心理。这样的好处是，对方不会因此而记恨你。

但是要记住的是，"贬低"自己这种行为，要是使用过多其性质就变了，习惯性地自我"贬低"反而让人觉得你是个牢骚满腹又不思进取的人。比如，有些人喜欢说"像我这样的人，只能拿低薪"或者"你也看到啦，我这人就这么没用"这样的话，虽然出发点是为了表现谦虚，但别人会觉得你是个自卑的人，所以要尽量少用这种自我贬低的方法。

我不能整天"贬低"自己，偶尔诉苦就行了。

第四章　借机转移话题，机智回话

古人云"话不投机半句多"，意思是两个人如果聊不来，半句都不想多说。其实，在沟通技巧里，我们可以利用这个原则。比如当你不想跟对方说话时，可以制造"话不投机"的氛围，让对方失去聊天兴趣。

本章带你认识如何借机转移话题，让你的沟通技巧得到质的提升。

接话不要太露锋芒，以免尴尬

很多人没意识到自己说话时锋芒太露，因为他习惯了自己的表达方式，所以觉得没有问题，但是听的人却很不舒服。比如，两人打招呼说"您吃了吗"，要是对方回复"吃了，咋了"，就会让别人觉得很有敌意。回复的人反倒觉得正常，因为他会理解为"我就是问一下他有什么事而已"。

有些人习惯于区别对待陌生人和熟悉的人,对陌生人的话爱搭不理,说一句话就锋芒毕露,在熟人面前才表现得很温和。这样的人很难拓展人际关系,所以必须改变说话习惯。

那么,生活中我们应该如何规避"说话太露锋芒"的毛病呢?其实很简单,分三步走。

第一步,先规划语言。

第二步,在不同的环境之中,跟不同的人交流,要用不同的语气。

第三步,不断加强自己的语言能力,让自己有意识地改变表达习惯。

规划自己要说的话，其实是一个很好的习惯。每次交流之前，先判断一下交流的对象以及交流的大致内容，脑海里有了初步判断后，才可以时刻提醒自己应该如何跟对方说话，从而控制自己说话过于锋芒毕露的习惯。

在不同的环境中，语气应该有所不同，跟不同的人说话同样也如此。如果对方是你很熟悉的人，说话可以"放肆"一点，因为彼此都了解，很难发生误会。但如果彼此陌生，说话就要温和一点，聊天对象的性别和年龄也要考虑在内。总的来说，对女生说话比对男生说话要更温和，跟长辈聊天比跟同龄人聊天要更严谨。

还有，要不断加强自己的语言能力。有一个很好的办法，就是可以试着对自己跟他人的交流内容进行录音（当然要征得他人的同意），然后检查自己的语言习惯，看看自己哪些地方说得不够妥当。

善于打圆场，你就是主角

当进行多人交流时，如果有一个会打圆场的人，那么在整个交流过程中，话题就会以他为导向。因此，你要学会打圆场。

> 我觉得我们同学一起聚餐，可以聊聊上学时的趣事。

> 对、对。

打圆场是一个技术活，性格内向的人很难掌握这个本领。所以，打圆场需要你变得更活跃，让大家参与到你的话题中。

> 幸好有你打圆场，要不然大家就会觉得尴尬了。

如何才能培养出"打圆场"的能力呢?这需要从心态、习惯等方面进行全面的训练。当然,还要有适合的沟通机会让你来练习,所以想做一个善于打圆场的人不是那么容易的。

> 我要看完这本书,学会如何打圆场。

善于打圆场的人，需要性格开朗。只有放得开，才能不怕因为说错话而丢面子。这样的人一旦打开了话题，就能源源不断地引导大家聊天。

我就是社交牛人，我来打圆场。

另外，要想养成打圆场的习惯，还需要你有一颗喜欢聊天的心。时刻保持热情，对别人的话题感兴趣，这样不管什么话题你都可以从容应对。

你们想聊什么都可以。

打圆场除了要能放下面子之外，还要有足够的知识储备，以便你及时想到相应的知识点接话。

> 上知天文，下懂地理，我样样精通。我们一起来聊天吧！

总之，善于打圆场，你就是社交场合里的主角。但是要学会打圆场，需要你抛开一切顾虑，放下面子，拥有一定的知识储备，才能见缝插针，把话题牢牢抓在你的手里，从而引导谈话的走向。

> 有我在，不要怕冷场。

借助第三者的话来应对挑衅

借助一个不在场的人的话来应对他人的挑衅，这种方式往往能把引起争吵的可能性降低。

当然，这种情况下一定要借用地位较高或者有代表性的人的话。比如，某人贬低你的能力，你可以借领导对你的称赞反驳对方，让他难以回击。

有时别人会故意用一些带有挑衅、侮辱，甚至诽谤的言语来攻击我们，企图搅乱我们的情绪和思路，以此获得优越感。如果想解决这种情况，就得"以其人之道，还治其人之身"，在逻辑上就是"结构仿造驳斥"，也就是我们常说的"反唇相讥"。

据说有一次，诗人歌德到公园散步，不料在一条仅容一人通过的小路上碰上一位对他抱有成见的批评家。正当狭路相逢、四目相对时，批评家傲慢地说："对一个傻瓜，我决不让路。"歌德面对辱骂，微微一笑道："我正好和你相反，我会给一个傻瓜让路。"说罢便退到路边，而那位批评家的脸变得通红，进退不得。

面对他人的讽刺与嘲笑时，你也可以采取相应的方法去反击。

德国 19 世纪著名诗人海涅是个犹太人，他常常遭到无礼的攻击。在一次晚会上，一个旅行家对海涅说："你知道塔希提岛上最吸引我的地方是什么吗？在那座岛上居然没有犹太人和驴子！"

这位旅行家把犹太人和驴子相提并论，以此侮辱身为犹太人的海涅。受到人身攻击的海涅，怎么会善罢甘休呢？于是他便这样回击道："不过这种状况是可以改变的。只要你和我一起到塔希提岛上，就会弥补这个缺陷了！"

是的，如果说了，你就变成了驴子。你刚才说什么来着？

你知道吗？我是不会跟傻瓜和驴子说话的。

我们反击的话语必须讲究分寸，懂得点到为止，让反击恰到好处。如果没有分寸，就会适得其反，影响反击的效果。而分寸感往往取决于反击时的语言运用。苏联诗人马雅可夫斯基曾与反对苏维埃政府的人进行论辩，反对者辩不过马雅可夫斯基，一气之下骂道："马雅可夫斯基，你简直和混蛋没差多远！"

马雅可夫斯基见他居然骂人，心里甚是愤怒。但他知道不能让自己失去理智，于是不慌不忙地走到反对者跟前说："你说我和混蛋差多少呢？"然后用手比划了一下自己与反对者的距离，接着说："我和混蛋只有一步之遥！"他用一句话就把"混蛋"的帽子还给了对方，这种反击既有力，又分寸适度。

不顺着问题回话，往往是转移话题的关键

逆着原本的话题来回话，其实是把对方的话"堵死"，并反推回去，最后让这个谈话的方向产生偏移，这样的情况往往发生在"不想跟对方继续对话"的情况下。

> 你们小组的实力比我们小组弱。

> 阿神那个小组很强。

借题发挥也是一种回复方式，借助身边的事物去转变话题，但在转换的过程中必须要做到"巧"，才能使对方无言以对，心服口服。我知道这样一个故事：

老刘的一个老同学来看望老刘，两个人在客厅里天南地北地聊着天，不知不觉已经到了用晚餐的时间。老刘有个小儿子，才五岁，跑到老刘旁边趴在他肩膀上"咬耳朵"。老刘和同学聊得正高兴，很不耐烦地对儿子说："这么没有礼貌！当着客人的面'咬什么耳朵'？叔叔不是外人，有话快说！"儿子一听爸爸这么说，就大声说道："妈妈叫我告诉你，家里没有菜，不要让客人在家吃饭。"一时之间两个大人都愣住了，气氛非常尴尬。

老刘脑筋一转，伸手抱起儿子，用手指刮了一下儿子的小鼻子，然后说："你妈妈今天这么给面子！以前家里来客人都在家里吃饭，今天居然大方到要到外面饭店去吃。好！咱就听你妈妈的，不在家吃，下馆子去！"

尴尬局面的出现，往往是刹那间的事情，如果不够镇静，那只能是手足无措、乱上加乱。老刘遇到这样的事情，居然还能保持镇静，随机应变，巧妙发挥，可真算是一个应变高手了。

在交谈时，为了达到某个目的，还可以运用虚实参半的话术，巧妙地转换话题。这种半真半假、模棱两可的话可以让人摸不着头脑，失去谈话的主动权。

在某些情况下，为了改变谈话方向，我们可以提出一个更新鲜有趣的话题，利用好奇心理，把对方的注意力吸引过来。比如，当两三岁的孩子看到火车时会问："妈妈，火车为什么跑得那么快啊？"对这个问题的解答是小孩子未必能理解的，于是你可以说："是啊，火车跑得可快了！过几天妈妈带你去姥姥家，咱们就坐这么快的火车。"这样孩子多半会高兴地拍着小手，说起去姥姥家的事了。这就是运用了转移注意力的方法，通过孩子感兴趣的事情来回避原来的问题，非常有效。

转移话题，巧妙地化解尴尬

聊天中有些情况不可避免，比如因为说错一句话或触碰到敏感话题而让双方陷入尴尬之中。这时候我们应该适当地转移聊天话题，保证聊天可以继续进行，还能缓解尴尬。

聊天过程中不管出现什么情况,都要保持冷静。如果发现对方脸色不好,或已经引起对方不满,可以把聊天的话题自然而然地转移到别的话题上,尽量让对方感到自然。

> 领导很不喜欢你的工作态度。

> 我今天忙了一天,你那边怎么样?

当我们需要转移话题时,可以抓住聊天中的另一个侧重点,再反过来进行提问,借此自然而然地转移聊天的焦点。

> 婚姻生活的感觉其实很奇妙,你觉得你的婚姻生活幸福吗?

> 听说你现在不打算结婚?

81

聊天都是需要有共同话题的。但要是我们碰到不感兴趣或敏感话题时，就要适当地提出一个新话题，但必须是对方感兴趣也愿意聊的话题，这样就能顺利转移聊天话题了。

有时候我们还可以适当地装糊涂，通过答非所问的方式避免回答对方的敏感问题。或者以一种模棱两可的态度让对方明白自己的抗拒，对方也就不会再纠缠了。

适当的时候，可以在聊天中加入第三方人员，把关注点集中到第三个人的身上，就可以摆脱一些尴尬或者不想聊的话题了。这时候其他人的注意对象转移了，聊天话题也就自然转移了。

现实中我们很难避免遇到一些自以为是的人，他们总是喋喋不休地说着自以为很正确的话。如果我们不想听，或想转移话题时，就要提出新的观点，然后扩大话题的范围，逐渐就能把聊天焦点转移了。

第五章　咄咄逼人，反而容易乱方寸

语言是人与人沟通最直接的路径，所以它也是最容易伤人的。你每天和他人说的话，往往可以左右对方一天的心情。特别是咄咄逼人的语气，更会影响他人的情绪，甚至会抵触与你交流，这样反而会让你乱了方寸。

沉默是金，不说话也是一种回应方式

"成熟的麦穗低着头"，真正有本事的人往往沉默不语，而那些脾气大于本事的人才爱叽叽喳喳，哗众取宠，说个不停！

一个成熟的人，首先从学会"寡言"开始，懂得什么话该说，且说得掷地有声；什么话坚决不能说，看破也不说破。我们经历的事情越多，吃过的亏越多，就会吃一堑长一智，慢慢向古人所说的"多言数穷，不如守中"的大智慧靠拢！

那么，我们应该在什么情况下保持沉默呢？

首先，人生气的时候，最好不要说话。这个很好理解，因为人生气那一刻会被坏情绪控制，非常不理智，什么气话都可能说出来，既伤害了他人，事后自己又后悔不已！比如说，情侣吵架了，千万不要轻易地说分手，否则等冷静下来，不想分手，又下不来台。夫妻、亲人之间吵架更是如此，千万不要在发怒的时候说气话！

女：你这个没用的男人，情人节都不给我送花。

男：我是没用，那你去找个有用的啊！

其次，不知道的事不要乱说。虽然我们常听见"不知者不罪"这句话，意思是因为不了解而有所冒犯，就不该加以怪罪。但这是听者对说话者的宽容大度，并不代表无底线的纵容！一个人对自己说过的话是要负责任的，正所谓"话不能乱说"就是这个道理。

最后，人在吃饭的时候最好不要胡言乱语。正如孔子所说"食不言，寝不语"，意思就是吃饭和睡觉的时候不要说话。古人认为，人要懂得感恩，要有敬畏心理，所以做人做事的时候要恭敬严肃，谨言慎行！

"怒而不语""不知不语""食而不语"这三条就是我总结的小秘诀。如果大家能熟记，并努力实践，则可避免"言多必失，祸从口出"的情况了！

保持谦虚，切不可言过其实

古人云："处世须留余地，责善切戒尽言。"为人处世，切不可说极端的话，做极端的事，而是应该充分认识事物的各种可能性，以便在适当的时候采取应对措施。

有些人即使把话说得很满也做得到，这些往往都是有自信、有实力的人。然而即使这样，也不要习惯把话说满，因为凡事先做到总比先说到强。更何况世间事，总有许多种可能。

世上没有什么是尽善尽美的。因此,评论一件事或一个人,应力求全面,切忌仅凭个人喜好。像"这个人完了""这个人一辈子没出息"之类盖棺定论的话最好不要说。

当你想帮助某个人时,不要做出担保性承诺,应代之以"我尽量""我试试看"之类的话。否则既耽误了别人,也让自己变得没有诚信。

上级交代的任务当然应该接受，但不要说"保证没问题"之类的话，应代之以"应该没问题，我全力以赴"。这样说话能突显你的谨慎，也为自己留有余地，上级会因此而更信赖你。即便事情没做好，也不会轻易责怪你。

对于某些难以回答而又不好回避的问题，不妨含糊一些，不能盲目地下定论，可以说"可能是这样""我也不太了解"等。

总之，如果你想在社会交往中更顺利，就要记住"话不要说得太满，事不要做得太绝"。这样既给别人留下了余地，也给自己留了条后路。人与人之间的相处是微妙的，切不可说起话来直来直去，做起事来一根筋，凡事留有余地，才是性格成熟的体现。

我记住你的话了，我以后说话绝对不会说得太过了。

把"绝对"去掉。

找到彼此的共同点，以此拉近距离

聊天聊得好，要有共同话题，这样才能够引起共鸣，沟通得更深入、更愉快，让你交上聊得来的朋友。

我喜欢健身。

真的？我也喜欢健身。

其实只要多留意身边人，就不难发现彼此对某一问题有相同的观点，有共同的喜好和兴趣。

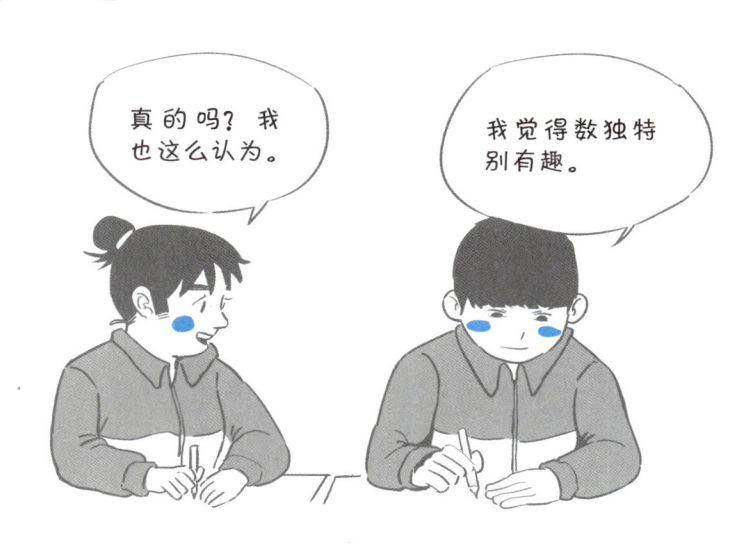

想要在和人交流的过程中找到共同话题，最好的办法是先学会倾听，知道对方的兴趣爱好，然后再选择合适的话题。

其实，找共同话题很容易，因为有很多事情大家都经历过，可以从以下几个方面入手。

首先，要从生活中的趣事入手。比如，孩子犯了一个很天真的错误、出门打车却忘记带钱包等，几乎每个人身上都发生过这种的小事，这样交流起来会觉得比较亲切，容易拉近彼此距离。

其次，可以就身体状况进行交流。比如，最近一直在坚持体育锻炼，感觉身体充满活力；或者说最近可能太疲劳了，没有精神；还可以是自己最担心的失眠问题。类似这种关乎身体健康的话题，是大家都关心的，可以瞬间让两个人拉近距离。

最后，学业或工作方面的事情也可以成为很多人的共同话题。如果是学生可以说说最近的学习情况、对人生的困惑，也可以聊喜欢的老师或课堂上发生的趣事。如果已经参加工作了，可以聊单位的趣事，或者在工作中遇到的人或事。

总之，两人的共同话题是要制造出来的，先观察对方，再开始聊天。或者直接聊生活、工作、身体健康状况、学习等大众化的话题，这也是不错的开始。

以退为进，是高明的谈判手段

不管是在商务谈判中，还是在日常生活中，以退为进，适时且适当的让步也是谈判中一个常用战术。暂时退让的目的主要是为自己争取到更大的长远利益。

你说的要求，我都答应。

好，那我多给你点股份。

比如，做买卖时替自己留下讨价还价的余地，卖主喊价要高些，买主还价要低些。当然，必须要在合理范围内。

这双鞋要300元。

200元行吗？

有时要先隐藏自己的目的,让对方先说出自己所有的要求,然后请对方在一些问题上做出让步,再寻求共同利益最大化。

我最关心的还是价钱问题,能少点钱最好。

没问题,我可以把单价降下来,但是你能不能多进点货,在量上面多增加点呢?

尽量给自己争取最大的利益，你在某方面 40% 的让步，要换来对方在其他方面 60% 的让步。

在谈判的关键时刻说"这件事我会考虑一下"，也是一种让步。要学会"吊胃口"，让步之前让对方多争取一下。

假如你在做了让步后想要反悔，也不要不好意思。即使实在没法反悔，也要让对方知道你的态度，目的是让对方明白你已经做出很大让步了，这是为下一步的"进攻"埋下伏笔，那么下一次他就不好再要求你让步了。

不要太快或过多地让步，以免对方得寸进尺。在商业谈判中，你要随时注意自己让步的次数和程度，以掌握全局。

曲线沟通，谋求缓和僵局

在日常交谈中，交际双方都应遵循"同一律"的要求。但有时在某些场合，要是揪着一个话题不放，势必会引起争执，而争执的苗头一旦出现就很难缓和。此时可采取曲线沟通的方式，不要针对对方的问题继续讨论下去。

你觉得我说的话对不对？

今天天气挺好的，你们球队今天训练吗？

即使是一个共同的爱好，也有不愿意聊的时候，这时候便要停止继续探讨，自然而然地引出另一个话题。比如，两人聊诗歌聊久了，兴趣下降了，其中一人可以说："现在诗人很多，但是音乐人更多，因为音乐也很有趣。"

在交谈中，遇到突发情况，需要立即打断，可以巧妙回避。

把正在谈论的话题引申一步,引导出新的话题,也不失为一种方法。比如,老王跟老李正在聊健康话题,谈到老王的老伴是因为癌症去世这件事时,气氛有些尴尬,老李便把话题延伸到另一个点上,他说:"儿孙有出息,这辈子就值得了。你孙子考上了清华,你也不请我们哥几个吃一顿。"这样就能很好地避开原来的话题。

答非所问，也是一种很好的曲线沟通法。因为在交谈中，有些问题我们不便直接表态，想回避这类问题可又不想因为中断交谈而使对方尴尬。这时我们可以故意不回答对方提出的问题，继而转移到无关的问题上。

在交谈中，想改变自己的被动局面，切不可一味地纠缠在同一件事上，而要寻找突破口，并扭转局势。

有理有据，才能让人信服

说话要有依据，逻辑清晰，条理分明，才能让人信服。说话之前先想好逻辑框架，以"总—分—总"的顺序把自己想说的话理清楚再表述。

想要说话条理清晰就要先明白做一件事的底层逻辑——为什么要这么做。比如，销售员在谈订单时，要让客户一步步放下防备，增加客户的沉没成本，将客户转变成长期合作的伙伴，这些流程都是参考销售心理学提前设计好的。所以我们在说话做事时，也可以参考一些精心设计的逻辑理论。

说话有没有理据，是知识与文化水平高低的体现。所以，培养说话能力应该从加强自身修养开始，从提升自身文化水平着手。文化素养高了，自然说话就有理有据了。

我要多学文化知识，练就一套说话本领。

培养逻辑思维应该从正确认识自身、认识社会、认识环境开始，有一颗宽容的心。有句话说得好"心态决定一切"，心态不好的人，往往凭自己的个人喜好评价一切，喜欢戴着有色眼镜看世界。因此，他会认为符合自己预期的就是好的，否则就是一文不值，这种心态的最终结果肯定是害人害己。相反，保持良好心态自然能正确、通畅地去跟别人说话，不胡言乱语。

平时要注意自觉抵制胡言乱语，坚决根除"无理无据"及"无礼无道"的说话方式。

总之，人要在心态和行为上不断调整自己，让自己逐渐养成说话严谨的好习惯。

营造对比，增加可信度

美国有过这样一项调查，研究者组织志愿者在街头募捐，教给他们两套话术，一套是："请问，您愿意为我们的儿童慈善基金会捐10美元吗？"另一套是："请问，您愿意为我们的儿童慈善基金会捐100美元吗？不方便的话，捐10美元也很好啊！"两套话术都是以募捐10美元为目标，只是第一套比较直接，第二套拐了个弯。研究结果表明第一套话术的成功率是17%，而第二套话术的成功率是50%，高了两倍多！两套话术的不同在于，第二套话术多问的前一句话提高了对方的心理预期，前后产生了对比，所以使事情的可信度以及对方的接受度都提升了。

突显对比，还能让别人更加愿意跟你说话。比如，同事带了一盒自己烤的饼干，办公室大部分人都称赞说："这饼干真好吃啊！你太厉害了！"如果你想增加自己的赞美之意，让同事觉得不一样，可以这么说："坦白讲，我以前一直以为你是工作狂，除了工作以外什么都不爱，真没想到你竟然喜欢做饭，并且手艺还这么好！真是想不到！"

> 哇，我以前只注意到你很漂亮，想不到你写作能力还这么强。

在讲话时，用排比句可以增强语言的节奏感和韵律感，让表达更有气势。用排比句说理，可使论述细密严谨；用排比句叙述，可使事物集中完整；用排比句抒情，可使情感激越奔放。

比如，在第一次世界大战中，拿破仑在一场战斗胜利后对自己的士兵发表演讲："你们没有大炮却取得了战场上的胜利，没有桥而渡过了河，没有鞋却能够急行军，没有面包又没有酒喝……你们仍然有仗要打，有城要夺，有河要渡，在你们中间有一个人失去勇气了吗？没有！"

这篇演讲一共用了两个排比，让整篇演讲词显得严密细致，气势恢宏。

> 我虽然没有钱，但我的思想很富有；我虽然没有汽车，但我可以去很远的地方长见识；我虽然没有上大学，但我比大学生更有知识……

风趣地说话，并带着生动的比喻

幽默是智慧的象征，它能让人感到快乐，而快乐的气氛是社交场合的超强润滑剂。如果我们能够发挥自己的幽默感，不仅气氛轻松，也能顺利达到谈话的目的，这对双方来说，都是最好的结果。

哈哈哈，你真幽默。

借用比喻，是一种很幽默的说话方式。假装错解对方的意思，说东答西，这种说话方式一般都会产生特别的幽默感，从而出奇制胜。比如，你在吃零食，你的同事对你说："我可以吃一点儿你的零食吗？"你可以回答说："可以的，如果零食也没意见的话。"

当然，也可以使用巧作类比法。对于有些人的提问，正面回答可能会显得平淡无奇，也不能满足提问者的要求，聪明者往往看似漫不经心的似答非答，引对方进行思考，然后巧作类比，占据主动，让对方折服。

据说作家刘绍棠有一次到某大学讲演，对于学生提出的各种问题，他都给予坦率的解答。一位女学生递上一张纸条问："既然文学要真实地反映社会生活，那你为什么总唱赞歌，不唱悲歌呢？难道你认为社会没有阴暗面吗？"面对这一尖锐的问题，刘绍棠想了想，问那位女生："你喜欢照相吗？"见女生直点头，刘绍棠便反问道："你有妆容整洁的时候，也有蓬头垢面的时候，那你会在什么时候去照相呢？"

为什么你的文章有好有坏？

难道你吃的每顿饭都是好吃的吗？

我们也可以用曲线进攻法，说话时带点迂回的艺术，否则很容易处处碰壁。比如，你要是不小心把人绊倒了，马上把对方扶起来道歉，然后说："你真是好人，被我踩倒了都没生气，也没怪我，真是大人大量啊。"

第六章 提高情商，善解人意

一个人的情商高低，决定了他能否顺顺利利地办成每一件事，情商低的人往往只考虑自己，而情商高的人却能站在对方的角度思考问题，从而找到好的解决办法。本章带大家去了解如何进行高情商沟通。

了解对方的心理，才能说到心坎里

沟通时要了解对方的内心需求。当你了解对方时，你才能更好地把控说话的方向和表达方式。

我要先好好了解他。

我们应该如何了解对方的心理呢?其实要靠聆听。

聆听能力是一项非常重要的沟通能力,我们要耐心地聆听沟通对象说话,从对方的语言表达中,找到达成一致的可能性,我们才能和沟通对象使用同样的"频率"对话。

> 嗯,好的,我听着,你说。

> 我再跟你说件事。

> 我平时就不喜欢说话,但我很注意观察对方的说话风格。

> 难怪你从不会说错话,而且说的每一句话别人都觉得很有用。

从生活和工作的状态中也能够了解一个人的心理状态。只要对沟通对象足够了解,就等于找到了打开对方心灵的钥匙。

语言是沟通中的重要媒介。当两个人的语言风格非常接近时，就会感到比较亲近，好像找到了知己朋友一样，沟通的热情也会随之高涨起来。所以，适时配合对方的语言习惯，不仅让对方很容易接受我们，也会让我们在沟通中获得更多的益处。

了解了沟通对象的表达习惯之后，我们要尽量尊重对方的这些习惯。不要对对方的习惯品头论足，更不要和对方因习惯不同而产生争执。你要明白，习惯不是一两天就能够形成的，既然形成了，那么这些习惯就是对方思想意识的一部分，你不尊重对方的习惯，就是不尊重对方本人。就算对方的表达习惯的确存在一些问题，我们也要在尊重的基础上，提出自己的意见。不要强迫对方改变自身的习惯，这样做不仅会使沟通无效，而且会让对方产生逆反心理，不愿意再与你交流。

配合对方的兴趣点说话，对方才会感兴趣

每个人都希望聊自己感兴趣的话题，所以在聊天过程中，要想让对方觉得跟你交流有意思，你就要找到对方的兴趣点，然后针对性地跟对方交流。

在聊天时注意观察对方的手势、姿势、表情等各种反应，分析语言背后的真实想法，体会对方想表达的意思。对方说话时是高兴、是愤怒，或是焦虑，这些情绪状态有时比话语本身更重要。体会谈话对象的心情是与他人沟通的一项重要内容，从而在聊天时恰如其分地感受对方的情绪，拉近与对方之间的心理距离。

配合对方的兴趣点去说话，不能太刻意，如果太明显，就会变成"阿谀奉承"。所以在聊天过程中，要针对对方感兴趣的话题发表自己的观点，从而参与到讨论中。

有时候，对方并不是很喜欢谈论自己的兴趣爱好，但是他的语言表达有独特的风格，这时我们就要模仿对方的说话方式进行表述，这样才能让对方找到交流的兴趣。

分享你的秘密，消除陌生感

秘密，都是每个人心中的隐私性信息，一般能把秘密分享给你的人，证明对方信任你。当然，这里指的是"一般秘密"，如果在跟人交流的过程中，懂得分享一些无足轻重的"秘密"，对方会更愿意跟你聊。

分享秘密时也要注意分寸，如果分享多了，对方也许就会认为你是不能保守秘密的人。因为你的分享已经超出了朋友间适当的"界线"，不仅达不到效果，往往还会让人觉得尴尬。

分享秘密是有底线的，不要把不该跟其他人说的秘密都说出去，不然会吓到对方。

总之，要恰当地分享自己的秘密，但不要过界，也不要故作高冷，把握好分寸，让人感觉你很大方，没有私心即可。

看破不说破，也是一种沟通智慧

人和人之间的沟通是一门大学问，中国有句古话叫"看破不说破"，这是少言、寡言的智慧。在中国传统经典《道德经》中也说得很清楚，"知者不言，言者不知"，也是同样的道理，真正有智慧的人从来不多说话。

在不说破真相的情况下也要接住对方的话，要不然就会冷场，我们该怎么做呢？可以暗示对方你已经"看破"了，还是说点别的话题了。

比如，一个人说他目前有1000万元的存款，其实并没有，但是你又不想让他没面子，这时你可以说："我在银行工作，我知道，我们聊聊最近的电影吧。"

我在银行工作，我知道，我们聊聊最近的电影吧。

我有1000万元的存款。

看破不说破，很多时候是为了保存实力，让对方对你放松警惕，如果是这种情况，就不能表现出你已经知道，而要继续顺着对方的意思去聊天，只要你握住"底牌"，别被他带偏即可。

> 其实我知道她不是，让她继续说。

> 我是北大毕业的。

总之，立身处世，需要懂得少言、寡言的智慧。装糊涂也是一种处世之道，需要一个人的涵养、自控力都很高，不仅需要管住自己的嘴，还需要抑制自己的表现欲。最高级的装糊涂就是"心照不宣"，这种"糊涂"实际上就是"明者远见于未萌，智者避危于无形"，是一种谨慎的人生态度。

适当自夸，也是在给对方一颗定心丸

人要适当自夸，因为这是自我包装的一种手段。只有适当地抬高自己，才能让别人看到你的价值。

自夸，有时候是一种积极的表现。一提起"自夸"这个词，不少人都会觉得是一个贬义词，其实这需要结合不同使用场景去区分，毛遂自荐之所以能够成功不就是因为善于自夸吗？

很多人因为不善于表达自己，而失去了很多机会。无论是职场还是学校，那些善于表达自己的人往往都能获得更多的机会和选择。如果你想要得到领导的认可，得到导师的认可，就必须要掌握自夸的说话艺术，用一种不被讨厌的方式来展示自己。

在求职面试过程中，一般人都要学会自夸，以展示自己最好的一面，甚至可以在合理的程度上，对一些细节进行夸大，这其实是有助于求职成功的。

我擅长写文章，在大学期间经常得到老师的夸奖。

做演讲介绍你的项目时，也需要自夸。你的项目即便现在表现得没有那么好，但是你要把愿景说得很吸引人，这样才能打动你的顾客。

这台机器将解放你的双手，让你有更多的休闲时间。

总之，一个人在保持真诚的同时，也要学会适当自夸，这样才能让对方觉得你可靠，愿意把事情交给你办，也就让你有机会把真实的能力展现出来。所以，适当自夸其实是一种难能可贵的能力，特别是在当今这个社会。

换位思考，回话也要换个角度

很多人说过这样一句话："上山的人不要瞧不起下山的人，因为他曾经风光过；山上的人也不要瞧不起山下的人，因为他们总会爬上来。"在这个世界上，没有谁是永恒的强者，也没有谁是永恒的弱者，今天别人有难需要你帮，明天你可能也会有求于人。生命是人与人之间的回声，唯有懂得换位思考，才能换得真心。

在说话前要了解对方的处境，换位思考才能说出正确的话。举个例子，你已经加入一家公司相当长的时间了，在不断努力工作的情况下，你表现优异，即将获得职务的晋升。这个时候，领导来找你聊天，你跟领导说了很多话，诸如生活美满、家庭幸福之类的。你自以为谈话非常和谐，可谁料到，事后领导却在有意无意地疏远你。问题出在哪里？很久以后你才想起，领导的家庭生活并不如意。

在社交场合中谁先说话，也需要进行换位思考，如果你知道对方可能不知道该如何开场，你就要先说话，以打破僵局。

当然，表达结束时，你也要观察并思考整个聊天过程和对方的态度。如果你认为对方想结束谈话了，就要主动说："时间也不早了，我就不打扰您了，今天就聊到这吧。"

总之，做好换位思考，站在对方的角度去看问题，交流就会变得更顺畅。因为从传播学的角度来说，"换位思考"可以理解为——以交换信息为目的，尽可能避免传播隔阂，以产生"共同意义空间"的人际传播。

聊天的目的从本质来说，就是尽量多地获取对方的有效信息。而换位思考就是在此基础上，组织和调整自己的语言，反向输出同样有价值的信息。有输出也有索取，这样的对话才算充实且有意义。

卖个关子更能引起对方的好奇心

聪明的人知道如何利用合适的时机卖关子,他们欲扬先抑的表达往往会给对方留下深刻的印象,同时又能达到交际的目的。

> 我不知道,为什么呢?

> 你知道我为什么特意来找你聊天吗?

大多数人认为在交流过程要想掌握控制权,只要不停地说话即可,事实上并非如此。在跟人交谈的时候,即便对方跟你是关系很好的朋友,也要控制好交谈的时间和节奏。

> 你觉得呢?

> 我觉得,你说得很对。

如何灵活运用"卖关子"的方法呢?

首先要适当,不能一个劲儿地卖关子,要养成"两点一线"的说话习惯。我们在跟人交谈时,要把控好节奏,还需要注意时间和逻辑。如果只是普通拜访,我们跟对方交流的时间尽量不要超过半个小时,除非你们提前约定好了交流时间。在逻辑上,我们要承前启后,不能一上来就故弄玄虚,要先做好铺垫,然后再表达自己的真实想法,最后还要说结论。

另外，可以巧用"欲擒故纵"的技巧来卖关子，增强你的说服力，从而达到交际目的。方法其实也很简单，就是当你运用自己的理论知识和实践经验把观点进行了比较清晰的表述之后，可以借用"结论式"陈述，引导对方发问或制造悬念。

卖关子时也可以运用"引而不发"的技巧。

孟子曰:"君子引而不发,跃如也;中道而立,能者从之。"简单来说"引而不发"就如同射箭,拉满了弓却并不射出箭,只表现出跃跃欲试的状态。这种方法运用在实际的沟通交流中,其实就是"抛砖引玉",这样能够让对方对你所说的话有更加深入的思考。

反问，一种否定的回话方式

反问，即反过来向提问的人发问，让答者变成问者，在交谈中往往可以平中出奇，达到转守为攻的效果。

> 啊，是，我现在就去洗。

> 难道今天不应该是你洗碗吗？

反问时也要考虑对方的感受。举个例子，萧伯纳的剧本首次公演获得成功，结束时萧伯纳走上舞台向观众致敬，台下一名观众喊道："萧伯纳，你的剧本糟透了，没人想看，收回去，停演吧。"萧伯纳彬彬有礼地回答道："朋友，我完全同意您的意见，但遗憾的是我们两个人与那么多观众作对有用吗？我们能禁止这剧本的演出吗？"结果萧伯纳的反问引起全场观众的笑声和掌声。

> 我不喜欢你做我们的领导，你辞职吧。

> 我完全同意你的意见，但是我和你反对有什么用，毕竟其他所有同事都支持我做领导，我能辞职吗？

反问也可以说得很幽默。比如，有一位妈妈和儿子对话，妈妈说："你要哪个苹果？"儿子说："我要大的。"妈妈却说："你应该懂礼貌，要小的。"儿子反问："妈妈，懂礼貌就得撒谎吗？"儿子的反问既令人发笑，又令人有所感悟。这种幽默的回答，不仅不会激怒对方，反而会让对方深思，更加重视你说的话。

儿子，你的红包给我，我帮你保管，长大了还给你。

长大了还需要我给你钱养老吗？那到时候是不是就可以用这些红包抵消了？我们就互不相欠了？

反问还具有强烈的讽刺效果。比如，有这样一则故事，地主在半夜催长工起床，说："天亮了，还不起来干活？"长工说："等我抓完虱子再去。"地主问："天这么黑，能看见虱子吗？"长工反问道："天这么黑，能干活吗？"长工的反问，无疑使地主感觉自打耳光。

你干活能快点吗？

可以，你还清以前的贷款能快点吗？

疑问型反问能直接而公开地表达反问者的观点、意见，起到评判的作用，这种反问的说服力很强。

1987年，《工人日报》以《这是一个什么会》为标题，披露了在宁波某招待所召开的会议内容。从日程上看，为期五天的会议，只有半天安排正事，其余都是游览。作者在报道中直言："国家三令五申不许借开会之机游玩，为什么仍然会有这种不知被媒体披露过多少次的怪事发生呢？"

别拼命求同,保持自己的独特性

跟人交流,千万不要强求对方的观点一定要跟你一样,也不能强求对方的说话方式跟你一样,因为每个人都有自己的性格特点。

但是要做到包容别人的说话风格和想法,其实是一件很难的事。如果已经形成了思维惯性,你就很难做到安静地听对方说完再发言,导致交流受阻的现象出现。

实际交流的时候，我们应该尽量控制自己的发言欲望，也就是说，不要光顾着自己说个没完。生活中许多人都有这样的坏习惯，只要话匣子一打开，就没完没了地说话。其实，这并不是聪明的做法，而是费力不讨好的行为。一方面，说的话越多，给别人传递的信息就越多，越容易暴露自己的缺点；另一方面，你耗费了大量的精力向别人传递信息，会让别人认为你是一个爱炫耀自己的人。另外，你所说的话也不一定是别人爱听的，说错话还会得罪别人，使别人对你敬而远之，这就是"言多必失"的道理。由此看来，那些口若悬河的人确实该开始改变了，否则早晚会吃亏。

当然，也不能让自己成为纯粹的听众，偶尔也要附和几句，这一点非常重要。比如，对方说："我很喜欢玉兰花。"这时你可以附和对方一句："我也很喜欢，尤其是粉色的。"这样一来，对方就会顺着你的话题继续说下去了，从而为交流营造了愉快的氛围，谈话也就可以顺利地进行下去了。

我喜欢××明星。

我也喜欢她，喜欢她穿碎花裙的样子，真优雅。

在人际交往中，如果因为不喜欢对方提出的话题就一走了之，这种行为很容易伤害到对方的自尊心，影响双方的感情。所以，在人际交往这个大舞台上，千万别总把自己当成主角，要适时地把说话的权利交到对方手上，否则很难得到别人的喜欢和尊敬。

第七章　说话有节奏，回话要委婉

说话要有节奏，如果一点节奏都没有，就像一盘散沙一样，听者会很难理解，失去交流的兴趣，也就达不到理想的谈话效果。

本章带大家去学会如何控制说话的节奏，让你说话松紧有度，听着很舒服。

插入题外话，可以避免尴尬

题外话，就是跟当下的聊天主题不太沾边的、比较轻松的聊天话题。适时插入题外话往往能起到短暂的休息作用。

我插一句题外话……

好、好，刚好可以先休息下。

插入题外话要寻找恰当的机会，不能突然打断对方说话，否则会显得很没礼貌，而且会让交流效果大打折扣。

等一下，我先说说另外一件事。

怎么回事？我的话还没说完呢！

插入题外话的时候要考虑衔接的流畅性。比如，别人刚说完工作上的话题，那么你就不能直接插入休闲娱乐的话题，可以考虑谈论另一个关于工作的话题，或者询问大家中午都去哪里吃饭，或者交流一下大家的上班路程等问题，这样显得更顺理成章。

适时插入题外话也可以起到强调的作用。比如，你刚说完公司的制度问题，这时候可以提一个题外话，说："刚才讨论的这项制度是办公室根据大家的意见起草的，不是我个人的决定。"这个话题既跟刚才说的话题不一样，但是又跟刚才的话题有着千丝万缕的联系，更重要的是，它能更好地起到提醒作用，提醒在场的人都要注意遵守规章制度，因为这是大家共同的准则。

当然了，插入题外话要掌握时间节点，不能谈话一开始就展开，最好在谈话进行到一半，需要短暂休息的时候再插入题外话。

> 我插一个题外话，公司准备的茶点是可以随便吃的，我看大家没怎么吃啊。

总之，题外话要插入得恰到好处，可以起到休息和提醒作用，还要根据不同的场合以及时间判断，是否该插入题外话。

> 你们都清楚了吗？题外话也不是那么容易说的。

说话要有轻重，不好听的话要避免

学会好好说话，是人生当中非常重要的事情，切不可认为业务能力强就可以不好好说话，因为说话本身就是一种能力，而且不良言语的伤害力远远大于我们的想象。说好话，不仅是为了自己，同时也是为了身边重要的人。我接下来就讲一讲说话必须注意的分寸，以帮助我们避免说错话。

交流时尽量保持理智。任何交流，如果在失去理智的情况下进行，都是没有效果的。情绪过激的时候，就需要格外注意"攻其一点，不及其余"，不可以夸大其词、刻意渲染，也不能波及其他、恶意归纳。

对他人进行评价，是一件十分敏感的事情，需要格外慎重。无论对待喜欢还是不喜欢的人，评价都应该客观、公正，不可太过绝对、偏激。比如，某个人有比较内向、做事粗心、不能坚持到底等缺点，就给他一句"一事无成"的评价，这就太过绝对和片面了。过于轻率的否定和肯定，都是对自己和他人的不负责。

拿不准的事情不要武断，要多给别人考虑的余地，少做一些直接判断。每个人都有自己独特的经验，这就意味着每个人的眼光和思维都是不同的，同一件事得出的结论也会不同。多听取别人的意见，是一种智慧的表现，能够弥补自身的不足。

我觉得小黄不会有什么出息。

现在下结论还为时过早。

交谈过程中，说话者的语速、节奏和声调，也是传递信息的符号。同一句话，节奏或缓或急，声调或高或低，语气或刚或柔，效果都会大相径庭，所以要根据对象、场合进行调整。在交流过程中，一般问题的阐述应使用平缓的语调，保持能让对方清晰听见而不引起反感的音量。提意见时尽量使用平稳、缓慢的语气。有特殊需要时，可以放慢语速，加重声调，以此引起对方关注或加强表达效果。

> 记住，你说话不要太快，可以学一学新闻联播主持人的语速。

说话是一种艺术，要想把话说得好，正确地表达自己的想法，以下几个方面需要注意：

首先，说话时必须发音准确、清晰易懂，否则会由于口齿不清、发音不准，从而影响内容的表达。清晰的发音，可以依赖平时的练习，多注意学习别人的发音技巧，多朗读书报等。发音有时还会受交谈时情绪的影响，所以要克服紧张情绪，讲话不急不躁。

其次，说话的速度要适中，不宜太快或太慢。说话太快会令人应接不暇，反应不过来，自己也容易疲倦。有些人以为自己说话快一些，可以节省时间，增加交流的内容，但其实说话的目的是让对方领悟你的意思。如果说话太慢会使人着急，既浪费时间，也会使听的人产生烦躁情绪，甚至失去谈下去的兴趣。因此在谈话中，尽量使自己谈话的速度适中，最好每分钟保持在120~200个字左右，才能更好地表达自己的思想。

最后，要注意说话的语调。人们说话的目的是交流和沟通，而深入的交流是真情实感的，语调就是流露真情的窗口。愉快、失望、坚定、犹豫、轻松、压抑、狂喜、悲哀等复杂的感情都能在语调的抑扬顿挫、轻重缓急中表现得淋漓尽致。

语调还可以流露出一个人的社交态度，那种心不在焉、"和尚念经"式的语调绝不会引起对方感情上的共鸣。语调虽重要，但在谈话中却往往被忽视，人们只注意用词如何风趣，内容如何美妙丰富，却忘了语调要如何感人，结果使思想感情的传递受到阻碍，效果受到影响。

> 你说话一点表情都没有，真像机器人！

在社交场合，为使自己的谈话引人注意，大方得体，一定要在声音的大小、轻重、高低、快慢上下功夫，这样才能收到事半功倍的效果。毋庸置疑，放低音调总比提高嗓门说话悦耳得多，委婉柔和的声调总比粗砺僵硬的声调动人许多，发音稍缓总比说话像连珠炮要易于让人接受，抑扬顿挫总比单调刻板更让人产生兴趣……但这一切都要自然为之。如果装腔作势，过分追求所谓的抑扬顿挫，也会给人华而不实的感觉。总之，真诚谈话的前提是自然，自然的音调才是最美好动听的。

说一些听着舒心的话

如果我们在跟别人讲话时始终保持同一个音调，不能突出重点和精彩的部分，就会使谈话对象打不起精神，甚至昏昏欲睡，自然也就达不到讲话的目的。音调没有变化，即使讲话内容再精彩，也不会引人注意，还会使别人认为你是一个呆板、没有情趣的人，因而不乐意与你交往。所以，你要善于说点别人爱听的话，让对方听着舒心。

说一些别人爱听的话是非常有用、可以切实为你带来好处的沟通技巧，高情商的人善于将这些话作为自己人际交往中的利器。

你今天在球场上的表现太惊艳了。

你也太夸张了吧？

什么是"别人爱听的话",就是善于把握说话的方向,懂得揣摩对方的心理,顺着对方的好恶说话。世有"顺情合心好说话,口无遮拦讨人嫌"之说,对方爱什么恨什么,喜欢什么反对什么,你都弄清了,说话自然就有了方向、目标和依据了。

哇,领导您好,我听说昨天您和方总商量提拔人选了……

一个玩笑，就能在愉快的氛围下解决事情

善于欣赏别人，跟大家一起开玩笑，这是与人沟通的一个重要途径。身在职场，如果懂得欣赏同事，跟同事分享欢乐，那就能让别人更加了解我们，并跟我们建立共同的志趣和目标。适当的小幽默，可以让你更有亲和力。

抱怨不是好事，没人喜欢抱怨，但假如你采用幽默的方式进行"吐槽"，那反而会让大家缓解压力，并且不至于破坏自己的形象。有时候这些小小的"吐槽"甚至可以婉转地指出一些问题，借此向同事或领导表达自己的意见。

老板说了，不用着急，最重要的是快。

公司总裁、部门经理、业务主管、团队负责人、项目负责人等身居管理岗位的人，更应该修炼自己的幽默表达能力，让幽默成为管理的润滑剂，让团队内部氛围更加和谐。有时一个玩笑就能让尴尬的事情瞬间化解，有助于建立更融洽的上下级关系。

有时候，当你严肃正面回答问题会伤害到对方时，可以用一个玩笑避免对方陷入尴尬。比如，面对眼高手低的员工时，领导微笑着说："好吧！我考虑一下该让你去哪个部门当负责人。不过，在这之前你需要将你的实际能力提升到和眼光同样的高度。"这就是所谓的美国式幽默，它可以触及对方的痛处，但又不会让对方暴跳如雷。假如他真的发怒了，那就说明他是一个心胸狭窄、不能正视问题的人。

有时候不回复，也是一种礼貌

有些回复是不需要说话的，特别是在网络时代，依靠网络社交工具聊天的机会很多，很多时候，不回复也是一种回复。

网上有一个说法是："在乎你的人秒回，不在乎你的人轮回。"其实说的就是一种社交技巧。因为有些话即使不回复大家也心知肚明，不把事情说得太清楚大家才能继续相处，相安无事。

> 这个问题我是回复还是不回复呢？

在什么情况下可以选择不回复呢？不回复的方式是不是仅仅代表了不说话呢？

一般而言，当你发现这个问题不好正面回答，或者预料到回答这个问题会伤害对方时，这种情况下就不要回答。如果是面对面交流，就要尽量转移话题，不回答对方所问的问题。

有时拒绝回应可以用动作表示，不一定要说话。比如，两人面对面交流时有其他人在场，为了顾及对方的面子，可以选择用表情和动作代替语言。因为这样才能不把一些敏感的信息传递给第三者，避免对方的尴尬，维护对方的自尊心。

总之，有时候不回复对方，是站在对方的立场上考虑问题，并非没有礼貌，当然也要看情况，如果有些事是必须要言明的，就要用语言表达。

得饶人处且饶人，不要有理就不断压人

人不讲理，是一个缺点；人硬讲理，是一个盲点。理直气"和"远比理直气"壮"更能说服和改变他人。

在日常生活中，留一点余地给得罪你的人，给对方一个台阶下，少讲两句，得理饶人，更能显示出你的气度。否则不但战胜不了眼前的这个"敌人"，还会让身边更多的朋友疏远你。俗话说，得饶人处且饶人，为对方留点面子和立足之地，也为彼此留点余地。

> 你有理，但是你也训斥我了，我也道歉了，你还要怎么样？

> 怎么样？我还没消气，我要继续骂你。

《菜根谭》里有一句话，"攻人之恶，毋太严，要思其堪受"。意思是指出别人不好的地方时，不要太过苛刻，否则非但不能让人改正，反而输了人心。在生活中，每个人由于见识不同、能力不一，对事情的看法就有所差别。人非圣贤，都有犯错误的时候，而指出别人错误的方式和态度，便是情商与修养的体现。

要做到"得理不压人",就要换位思考。这不是说只考虑别人而委屈自己,而是在有选择的情况下,倾向于更善良的做法。有时候看起来无法理解的问题,只要换位思考便能了然于心,并且达到双赢。

总之，很多人因为不肯服输而导致了很多纷争的发生，但静下心来想想，又何必如此呢？对于外人，能够给对方一个台阶，是一份涵养；对于亲人、朋友，能够给对方一个台阶，是重感情的表现。在人际交往中，争强好胜的结果，只能是两败俱伤，只有互相体谅，才能让感情更加和谐。以善待人，以宽容人，是一个人最顶级的情商。苏岑说："给别人的脚下垫一级台阶，你会看到世界对你双倍的赞赏。"一个人，如果能够处处体谅别人的难处，那么别人也自然会考虑他的难处。你付出的善意，终究会返回到自己身上。愿你我每个人都能够凡事留余地，自爱而爱人。

第八章　书面式回话，让表达更清晰

有时候，并不是仅靠语言就能解决问题的，对于一些比较严肃的问题，需要落实到书面上。比如，工作流程的确认就需要书面回复。

本章带大家去学习如何在书面上回复他人。

短信约时间，可以精确到分钟

现在科技已经发展到不用双方面对面就能顺畅交流了，我们可以用手机、电脑随时在线沟通。这些网络方式如果用得好，将给我们的交流带来方便，用不好则会变成误会。

我说明天去买只酱鸡。

你说什么？你要买姜汁？

澳大利亚格里菲斯大学和昆士兰大学进行的一项研究发现，比起以往年代的同龄人，虽然现在的美国青少年拥有较少的朋友，但他们的孤单感比以前更少了。他们非但不觉得孤单，而且更善于社交，其部分原因就是信息技术让社交更便利。在网络聊天中，每一句话都有文字记录，所有的信息都变得很清晰，交流更有效率，也更具仪式感了。

翻一下聊天记录，看看明天我们约的是几点、在哪见面。

回复别人的时候，有关时间的信息是很重要的，口头上我们会约定一个大概的时间，但是在网络信息里，一般都要精确一点。因为信息里有明确的文字记录，如果迟到了，你会感到很尴尬，说明你不够重视。

在回复电子邮件时，也要注意时间的准确性，因为同样有明确的文字记录。另外，电子邮件一般用于商务交流中，会更加正式一些，要求我们必须严肃认真。

> 发电子邮件可不能乱说话，都有记录的。

同样的，在微信和 QQ 等社交软件里聊天，也不要随便确定时间信息，一旦说了就要尽量精确。

> 微信定见面时间，最好定晚一点，不然迟到就尴尬了。

总之，用社交软件或者电话短信交流，尽量要让时间精确一些，因为这些交流方式都有一个特点，假如你的行为跟你的话语有出入，很容易被人翻出相关记录来取笑你。相反，假如你说到做到了，别人会认为你是一个很守信的人。

我说8:10，还是说8:15好呢？

短信回复要及时，突显对对方的重视

有时候，我们在信息的最后注明"收到请回复"，不是想确认对方有没有收到，我们都知道现在的网络技术很发达，信息只要发出去，对方肯定会收到，一条短信或一封邮件，收不到或数据丢失的情况很少。因此，我们注明"收到请回复"是为了确保对方能够看到，也是为了明确权责义务，避免权责不清引起的纠纷。

不仅仅是发信息，打电话也是同理。我们打电话的时候难免遇到对方忙于处理某些事务或者不方便接听的情况，有的人会挂了你的电话，紧接着用短信说明原因。但有的人，挂了你的电话却没有任何回复，这是很没礼貌的表现。

能够及时回复别人的信息是一种素质、一种修养，也是对别人的劳动和付出的一种肯定。有的人回复"收到"已经变成一种自然而然的行为了，当他看到消息就可以不假思索地回复，而不需要别人的叮嘱和提醒，这样的人往往是非常有自制力，能够以身作则的人。

已收到，有事待会儿联系。

很多人晚上睡觉时会把手机静音，但记得睡前要把未接的电话、未读的信息都处理完，统一回复一下。早上醒来时也要及时查看手机，看到别人发来的信息要第一时间回复。这些事情或许你花不了多长时间，但对于别人来说，已经是一颗定心丸了。在你没有回复对方的时候，对方拿着手机，来回翻看短信信箱和微信消息列表时，内心有多么关切和焦急。即便是明确的拒绝，或许也是别人翘首以盼的结果。

对一个人讨厌到极致就是漠视，只有心里在乎一个人的时候，你才会及时回复。所以，如果你假装没看到别人的信息，别人会误以为你讨厌他，给别人造成心理上的伤害。

例如，你给一个人发了多条微信都没有得到回复，随后却看到对方发的朋友圈，这种行为不仅让人觉得讨厌，更是一种对别人的不尊重。所以，及时回复信息是建构人际关系当中，很微小但却影响很大的行为。为了做到这一点，建议把手机的提示音设置为"铃声状态"。

设置为铃声状态，免得漏掉信息。

如果你回复信息慢了，需要在回复信息时说明自己延迟回复的原因，比如，"我刚才在开车，没注意看手机""刚才我手机没电了"等。这样简单的解释就能取得对方对你的谅解，因为他感受到了你的歉意，会愿意继续跟你交流。

不好意思，我刚才在开车，没注意看信息。

总之，随着现代科技的发展，诞生了很多方便我们聊天的途径，让我们的交流成本变低。如果你没及时回复信息，等于浪费了这些科技提供的便利。

> 你要手机干嘛的，不就是想更快地与人取得联系吗？你怎么不回复我信息呢？

别岔开话题，认真回复每一个问题

无论是工作安排、工作交接，还是向上汇报，都要求职场人能够出色地进行职场沟通和向上管理。如果你不懂得如何正确沟通，将会给工作带来一些负面影响，还会影响与同事之间的关系，这对你的口碑也会产生伤害。

> 我要学会在沟通时不岔开别人的话题。

没有认真地回答别人的问题，有时候是因为"懒惰"的习惯。在这里举个例子，领导给公司新来的实习生安排工作，请他评估某项工作进度。结果第二天，他却只是简单地回复了"好的"两个字，领导为此狠狠地批评了他一顿。面对领导的批评，他还不知道什么原因。其实，就是因为他在给领导回消息时，不懂得职场沟通礼仪，敷衍了事。

在聊天过程中，最好不要随意打岔，因为这样会打断别人的思路，这是明显的插话行为。如果你有话要说，最好等别人说完再发言。

岔开话题，有时候也是因为思维模式的差异。有些人思维逻辑混乱，总是跳跃式想问题，对方说 A 问题，他就想到 C 问题，然后不假思索地说出口，导致对方反应不过来，对方就会认为他故意岔开话题。所以，说话要有条理，一个事接着一个事说，不能太随心所欲。

有一些爱打岔的人被称为"冒失鬼"，不管别人说什么，他总是站在那里不说话，但当别人说得正兴致勃勃时，他突然冷不丁地说一句没头没脑的话，导致大家的思路完全被打断了，这就会阻碍大家的交流，这是一个不好的习惯。

我觉得今天天气很好。

我们在聊工作。

喜欢打岔的人，往往是急性子的人，他们一般太急于表达自己的想法。如果你是这样的人，就要在平时注意，无论有多好的想法，也要等别人说完再说。经过长时间有意识的训练后，就会改掉这种坏毛病。

我要忍，忍住不要插嘴。

中途打断对方的说话，是很不礼貌的。比如，有人喜欢说："哎，你说的不清楚，还是我来替你说吧！"这种争抢发言权的行为，很容易引起别人的反感。因为每个人都有随心所欲表达自己想法的权利，自然不喜欢被人破坏。哪怕我们不同意对方的观点，也要等对方说完再去反驳，要以认真谦虚的态度去倾听，真诚地激励对方充分发表他的意见。

喜欢打岔的人还有个特点，就是总担心对方理解不清楚，于是就想帮别人进行深入解析。就像很多人喜欢一边看电视一边分析节目内容一样，因为他总觉得别人看不明白，所以他会反复进行说明。这样的人，需要有一颗信任他人能力的心才行，当别人提问时再主动回答。

你看，两伙人开始打起来了，剧情开始有意思了。

总之，倾听别人说话，这是最基本的沟通礼仪。在社交礼仪中，有很多我们需要学习的门道，需要我们不断积累和改进。总是岔开别人的话题，交流会变得很费力，也是不理智的行为。

我要学会如何不岔开别人的话题。

回复之前，要加上对方的称呼

现在邮件回复和微信回复已经变得越来越广泛了，但是很多人都不知道如何在回复时使用正确的"称呼"。如果你懂得正确的称呼方式，你会发现，别人给你的回复也变得更加积极，而且对方也会更加重视你的邮件。

> 他这段时间怎么回复邮件这么积极了？是不是因为我正确使用称呼了？

在邮件回复时,如果不知道对方的性别就直接称"先生",因为不论男女,"先生"都是尊称。

不知道对方的名字,应该如何称呼呢?那就在回复中直接使用"您"来称呼对方。

如果是与某公司联系，对方的邮箱是公司邮箱，我们应该如何称呼对方呢？如果你要发邮件给具体某个人，可以在其姓氏后面加上职务；如果是发给整个公司，那就直接以其公司名称开头就好了，比如"贵公司"或"××公司"。

如果是给外国人发邮件，而且不知道对方的身份，可以用"To whom it may concern"作为称谓。但如果发送的邮件很重要，不建议用这种通用的称呼，最好写上具体的收件人，邮件被回复的概率更大。

外国人的称呼还真是复杂的。

善用标点符号，增加情感表达

如今，写邮件成为一种越来越重要的交流方式，它的每一个字、每一个标点符号，以及格式的运用，都能影响对方对你的判断。

如何正确写邮件，是一门学问。

邮件的开头都要有称呼和问候语。

尊敬的 ×× 公司领导：

　　您好！

　　首先感谢您给我这次难得的机会，谢谢您在百忙之中抽出时间，阅读我的求职信。由于时间仓促，我的准备工作难免有不足和纰漏之处，请予以谅解！

　　我们要注意，称呼一定要顶格，问候语缩进两个字符。正文第一句要另起一行，也要跟问候语齐平。

> 发邮件，我可是高手。

　　商务邮件由四部分组成，下面为大家一一讲解。

　　收件人：收件人是必填项，没有收件人邮件无法发出，并且收件人必须填写正确，这样才能保证邮件能准确送达。

> 我怎么发不出邮件呢？

邮件主题：邮件主题是概括邮件主要内容的一句话，所以要体现邮件的主题，让收件人一目了然，不错过重要信息。

邮件附件：邮件附件是详细表述邮件内容的辅助部分，通常是数据信息。附件的顺序要与邮件内容项对应，比如邮件正文中第一点说的是业务季度数据，那么第一个附件就应该是季度数据报表。

邮件正文：邮件正文的开头要有问候语，结尾要有发信人的签名或具体信息，中间内容以表述为主，若能分段表述则更为清晰。重点数据可用不同颜色突出展示，能够让收信人清楚了解重点信息。

写邮件，要看清楚四个部分。

写邮件
你最厉害！

总之，在网络时代，对交流效率的要求越来越高，如果你不懂写邮件和发邮件，你的工作效率就会比别人慢一大截，所以必须学会写邮件。

谁能帮我写封信？

现在谁还写信？都是写电子邮件了。

网络语言的运用要谨慎

网络社交已经发展很多年了,甚至已形成了一套特定的网络用语,从表情包到文字用语,都跟现实中的表达方式有所不同。下面我们来学习一下如何更好地运用网络语言。

小姐姐,您请!

我们常见的网络语言有：亲、小姐姐、给力、萌萌哒、图样图森破、沙发、打酱油、抓狂、大虾、搬砖，等等。这些五花八门的网络词语，为我们的网络社交生活增添了更丰富的色彩。

亲，您的商品已发货。

不少语文老师反映，受互联网影响，现在一些学生使用网络语言已形成了习惯。在批改学生日常作业和试卷时，都曾遇到过像"杯具""神马"等让人摸不着头脑的网络流行语。很多学生跟老师说话时，也会冒出"给力"等字眼。有些上了年纪的老师了解的不少网络词汇，都是学生们"传授"的。

　　大多数老师认为，虽然网络语言也是人际交流中的一种沟通桥梁，但从语文角度看，大多数网络语言不够规范，不合语法，如果长期运用会对规范用语造成影响，不利于学生对语文知识的学习和积累。因此，学生使用网络语言应仅限于网络范围。

在著名语言文字专家、《咬文嚼字》主编郝铭鉴看来，网络新词对汉语实质上不会构成威胁和伤害。他认为"这些新鲜的流行语今天即使再红、再火爆，我们也可以泰然处之。这些怪异语言的追捧者多是青少年，那不过是孩子们之间的一种游戏而已"。而这些文字游戏用不了多久，又会被新的文化潮流所取代。

> 网络语言是好玩，但是我不会写在作文里。

所以，网络语言的运用要慎重，它作为一种非正式场合的沟通语言是可以的，但如果在正式场合或文件中使用就会显得过于肤浅。